ALLES ÜBER

Mein Haustier

Unser Gemeinsames Leben

Mein Name: _______________________

Mein Alter: _______________________

Der Name Meines Haustieres:

____

Das Alter meines Haustieres:

____

Name des Tierarztes: 

____

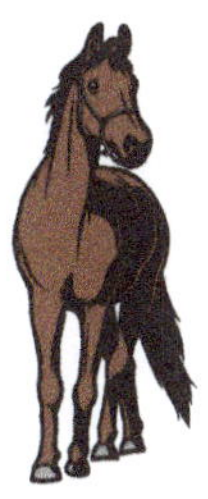

Als ich dich das erste mal sah ...

Ihr haus:

____

____

____

Ihr lieblingskomfort:

____

____

____

____

____

Ich habe deinen namen
gewählt, weil…

Ich denke, dein name passt
zu dir, weil…

Zeichnung

Wenn ich bei dir bin, fühle ich ...

Unser erstes foto zusammen

Wenn ich ihnen eine frage stellen
könnte, wäre es ...

Ich würde das gerne
wissen, weil ...

Dein lieblingsessen ist:

____

____

____

Ihre diät: 

____

____

____

____

____

____

Die lustigen dinge, die du tust...

Unser gemeinsames leben...

Ich kann sagen, wann du glücklich bist, weil...

Ich kann sagen, wann du angst hast, weil…

Zusammen können wir ...

Die orte, an die wir gehen ...

Ich habe von dir gelernt...

An deinem geburtstag...

Ihre lieblingsbeschäftigung ist ...

Du hast gelernt wie ...

Ich liebe dich, weil ...

Eine glückliche erinnerung:

Meine lieblingsfotos

Lieblingsandenken